7
Lk 1398.

NOTICE

SUR LA

COMMUNE DE BRÉTOT OU BRESTOT,

CANTON DE MONTFORT

(Extrait des Recherches historiques et monumentales sur les églises de l'arrondissement de Pont-Audemer (Eure);

PAR M. PHILIPPE-LEMAITRE,

MEMBRE DE LA SOCIÉTÉ FRANÇAISE POUR LA CONSERVATION DES MONUMENTS.

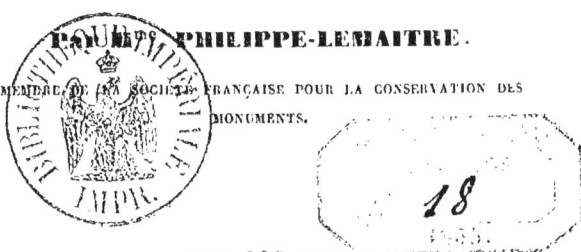

(Extrait du Bulletin monumental, publié à Caen par M. de Caumont.)

PARIS,

DERACHE, RUE DU BOULOY, 7;

CAEN, CHEZ A. HARDEL, IMPRIMEUR-LIBRAIRE,
Rue Froide, 2.

SEPTEMBRE 1854.

NOTICE

SUR LA

COMMUNE DE BRÉTOT ou BRESTOT,

CANTON DE MONTFORT.

(Extrait des Recherches historiques et monumentales sur les églises de l'arrondissement de Pont-Audemer (Eure).

Brétot est limitrophe d'Appeville, au nord.

Au XIe. siècle, on écrivait Breitot ; la charte d'Onfroy de Vieilles en faveur de l'abbaye des dames de Préaux, charte dont il va bientôt être question, en fait foi.

Dans le *Regestrum visitationum* d'Eudes Rigauld, on lit : Brectot.

M. Canel donne l'étymologie suivante au nom de Brétot : *braia*, boue, et *toft*, dérivé de *tofta*, masure (1). Nous n'ajouterons rien à cette interprétation, n'en connaissant pas de meilleure. Elle se rapporte d'ailleurs à celle du nom de *brai*, qui, suivant D. T. Duplessis, signifie *boue*, en langage celtique (2). Le même Duplessis dit encore que quelques

---

(1) *Essai sur l'arrondissement de Pont-Audemer*, t. II, p. 301.
(2) *Description de la Haute-Normandie*, t. Ier., p. 53.

titres anciens portent *Braietot* (1). Braitot ou plutôt Braitoft est aussi le nom d'un village d'Angleterre, cité par le *Monasticon anglicanum*, dans les passages suivants. Il s'agit de donations faites au monastère de Bardnei, dans le comté de Lincoln.

« Gilbert de Gand et Alix de Montfort (2) sa femme, ont « été les restaurateurs de ce monastère. »

Au même monastère ont été aussi donnés :

« Toute la dîme du domaine de Simon, fils de Guil-
« laume, à Braitoft, et dix acres de pré situées dans le terri-
« toire de Friseby, par Gautier de Braitoft. »

Ces documents ne nous ont pas paru devoir être insignifiants pour l'histoire de Brétot, car nous pensons, avec M. l'abbé Carême, qu'il ne serait pas impossible, qu'au nombre des vassaux conduits par le comte de Montfort-sur-Risle (le père d'Alix), Hugues II, à la conquête de l'Angleterre, il se fût trouvé un personnage de Brétot en Roumois, lequel aurait donné le nom de sa terre natale au domaine à lui échu dans le royaume conquis par le duc Guillaume, et que le Gautier de Braitoft, (3) nommé dans le *Monasticon anglicanum* eût été de sa descendance. « Quoi qu'il en soit, ce nom de Braitoft, se retrouvant par delà la mer, à côté de ceux de Montfort et de Gand, est toujours un fait singulier qu'il n'était pas inutile de noter ici. »

L'église de Brétot, quoique petite, est fort intéressante ;

---

(1) *Description de la Haute-Normandie*, t. II, p. 476.

(2) Issue du second mariage de Hugues II, comte de Montfort-sur-Risle, avec la fille de Richard de Beaufou. Hugues III et Robert de Montfort, fils de Hugues II, étant morts sans postérité, Alix, leur sœur, devint héritière du comté de Montfort, dont elle porta le titre à son mari, Gilbert de Gand.

(3) L'orthographe du mot Braitoft n'a pas subi en Angleterre la même altération qu'en Normandie, où l'on écrit Brétot ou Brestot.

elle appartient à la fois à l'ère romane secondaire et au style de transition (1), sans parler des reprises postérieures (2). On retrouve quelques traces de l'architecture du XIe siècle dans la muraille nord, qui, sans contredit, est la partie la plus ancienne de l'édifice; on y remarque particulièrement une fenêtre de la plus petite dimension, qui doit être une des premières que l'on ait percées de ce côté; cette fenêtre est actuellement bouchée. Du même côté, sont trois autres fenêtres cintrées, ayant à l'extérieur de 60 à 70 centimètres de hauteur sur une largeur d'environ 12 ou 15. Ces étroites ouvertures sont pratiquées dans une sorte de baie cintrée, remplie en pierre recouverte d'un enduit blanchâtre; aucun ornement ne se voit à son archivolte.

Le chœur, dont les murailles présentent un faux aplomb, a peu d'élévation; il est voûté en pierre et se compose de deux travées séparées par un arceau ogival droit, orné de moulures. En outre de cet arceau, la voûte qui est ogivale, est soutenue par huit arcs, quatre par travée; ces arcs sont cintrés et croisés diagonalement. L'un d'eux est monocylindrique très-saillant et d'une grosseur énorme, comparativement à celle des sept autres qui sont creusés profondément dans leur milieu, ce qui les fait ressembler à deux tores accolés. Une petite rosace d'un goût moderne, marque le point d'intersection des quatre arceaux de la travée voisine de la nef; à celui des quatre autres est un écusson de forme antique dont les pièces ont malheureusement été grattées. Tous

---

(1) « Les monuments de transition sont ceux qui, tout en appartenant au style roman, offrent pourtant quelques-uns des caractères du style ogival. » (M. de Caumont, *Abécédaire d'archéologie*, t. Ier., p. 170.)

(2) Expression employée par M. de Caumont, pour exprimer d'un seul coup les additions, restaurations et remaniements subis par les églises, dans les siècles postérieurs à leur fondation.

ces arceaux viennent s'appuyer sur six faisceaux de demi-colonnes et colonnettes taillées dans des massifs de pierre, ainsi que l'on commença à faire les piliers à la fin du XIe. siècle et surtout dans le XIIe. Les bases des colonnes offrent un tore épanoui, surmonté d'un anneau : le piédestal est carré et peut avoir 30 c. d'élévation. Les tailloirs, sur lesquels reposent les arceaux, sont carrés ; ils surmontent des corbeilles curieusement décorées. Entr'autres sculptures, on y remarque des cornets à bords perlés, emboîtés les uns dans les autres, des têtes renversées, la barbe en l'air, puis des chapiteaux godronnés, de belles feuilles largement découpées ; bref, on y retrouve toute l'ornementation du XIIe. siècle, dans ce qu'elle pouvait avoir de bizarre et de coquet à la fois (1).

L'arc triomphal est à plein cintre ; chacune des retombées de cet arc, que surmonte un tore ou boudin descendant jusqu'au sol, s'appuie sur un petit tailloir à cinq pans couronnant une demi-colonne ornée de deux petits anneaux assez distancés l'un de l'autre, quoique placés sous le tailloir. Des arcatures ogivales, atteignant le plafond et reposant sur les piliers qui supportent les arceaux, décorent tout le pourtour du chœur, autour duquel règne aussi, à la hauteur de la base des fenêtres, une large cymaise en pierre, autrefois peinte en rouge.

Une crédence à cintre trilobé se voit près de l'autel, dans le mur méridional ; son cintre est taillé à arête vive.

Il y a au chœur trois fenêtres, deux au nord, une au midi. Cette dernière, accompagnée de deux colonnettes à chapiteaux sculptés, doit appartenir à la seconde moitié du XIIIe.

---

(1) Ces chapiteaux, qui étaient depuis long-temps dans un bien mauvais état, ont été refaits par les soins de M. Blais, curé actuel de Brétot, et membre de la Société française pour la conservation des monuments.

siècle ; celle qui lui fait face peut être de la fin du XIIe. ; un tore est son seul ornement. Sa voisine est à peu près de la même époque. Quant aux petites dents de scie qui l'entourent, elles ont été faites bien après son ouverture.

Derrière un vieux lambris qui masquait les murailles du chœur, et que M. Blais a eu l'heureuse pensée de faire disparaître, il a été trouvé des fragments d'un enduit en plâtre peint ; deux d'entr'eux portaient des parallélogrammes formés par des lignes brunâtres ; au centre de l'un on lisait :

SANCTI ERUNT DEO.
Leu, 21.

Le second ne contenait que ce seul mot :

SACERDOTES (2).

A droite de la porte de la sacristie, sous une statue de saint Pierre, se voyaient aussi les traces d'un écusson peint sur l'enduit de la muraille ; il était en forme de cartouche. Des restes de peinture rougeâtre existaient également sur les colonnes des piliers et sur leurs chapiteaux. Derrière l'autel, il existe encore des lignes de couleur verte, jaune et rouge, disposées en appareil.

Les stalles n'ont rien de remarquable.

Le contre-rétable du maître-autel est en bois, et très-richement orné. Deux colonnes détachées, torses, et autour desquelles s'enroulent des ceps de vigne chargés de grappes et de feuilles d'or, soutiennent des décorations carrées et surmontées d'un vase et de deux anges étincelants de dorure.

(1) M. Blais a recueilli ces fragments d'enduit, dont les caractères sont de la fin du XVIIe. siècle ou au commencement du XVIIIe. Il a aussi relevé quelques mots latins, en lettres onciales du Xe. siècle, écrits au crayon sur le mur du nord, sous le lambris.

Plusieurs statuettes et colonnettes dorées accompagnent le tabernacle au-dessus duquel on voit au centre d'une auréole ovale, à fond blanc, dont le bord est une guirlande de feuilles d'or, une statue de la Sainte-Vierge, assise, avec l'Enfant Jésus sur son bras droit. Cette représentation de la Mère de Dieu, sur un autel majeur, a fait supposer que ce contre-rétable avait été donné par une abbesse du monastère des dames de Préaux, près Pont-Audemer (1). Si l'on ajoute à cette supposition qui, du reste, n'a rien d'invraisemblable (2), que M. Blais a trouvé dans un vieux rituel, à Brétot, une note écrite de la main de François Péricard, évêque d'Evreux (3), portant que le . . . . 1646, il avait consacré l'autel dont il s'agit (4), on aura presque la preuve que le don du contre-rétable était dû à la munificence de Marie de La Fontaine, qui gouverna l'abbaye de Préaux depuis 1633 jusqu'en 1654 (5).

Le plafond de la nef de l'église de Brétot est voûté en palet. Six poutres transversales sur chacune desquelles est verticalement placée une pièce de bois destinée à soutenir le plafond, l'enlaidissent. Les trois fenêtres percées dans la muraille nord,

---

(1) On verra bientôt que les abbesses du monastère de St.-Léger-de-Préaux présentaient à la cure de Brétot.

(2) Dont nous tenons la communication de M. Blais.

(3) Mort en juillet 1646.

(4) Il fallait que ce fût par délégation de l'archevêque de Rouen, Brétot étant du diocèse de ce nom. C'était alors François de Harlay, premier du nom, qui occupait ce siège où il était monté en 1614. Affligé de plusieurs infirmités et d'un âge avancé, il fut obligé de se reposer des soins de son diocèse sur son neveu, François de Harlay, deuxième du nom, qui lui succéda après sa mort, arrivée en 1654.

(5) Elle était, dit le P. Dumontier, de l'illustre maison d'Esche. Sa sœur Antoinette lui succéda, mais elle ne porta la crosse que deux ans, étant morte d'hydropisie, en 1656, 25 juillet.

et dont nous avons décrit l'extérieur, sont à l'intérieur légèrement ogivales. Celles de la muraille méridionale, au nombre de quatre, sont beaucoup plus modernes. Ces fenêtres, comme celles du chœur et de la sacristie, sont vitrées en verre blanc monté en plomb; ces vitrages affectent divers jolis dessins (1).

La nef a beaucoup plus d'élévation que le chœur, aussi reste-t-il une sorte de haut tympan au-dessus de l'arc triomphal.

Le portail qui ouvre à l'ouest sur un curieux porche du XVIe. siècle, a été reconstruit au XVe. Quant aux chapiteaux des colonnettes qui soutiennent les retombées de son ogive et de ses moulures, ils nous ont paru indiquer l'approche du XIVe. siècle, cette époque « où le galbe des végétaux a quelque chose de recherché qui s'éloigne déjà de la naïveté des formes végétales du XIIIe. siècle. » (M. de Caumont, *Abécédaire d'arch.*, t. Ier. p. 305.) Les feuillages de ces jolis chapiteaux, les tailloirs et les bases des colonnettes sont dans un bien mauvais état.

Au-dessus de ce portail, en dedans du porche, est une statue gothique de saint Jean l'évangéliste. Le saint apôtre tient dans sa main gauche un vase d'où s'échappe un reptile (2). Une grande fenêtre du XIVe. siècle, et qui a été remplie en maçonnerie dans le XVIIIe., surmonte le portail.

La nef, un peu plus large que le chœur, est par rapport à ce dernier, rejetée légèrement du côté du nord. Elle se termine dans le haut par des murs droits contre lesquels sont

(1) M. Blais nous a communiqué au sujet de ces dessins, diverses observations que, sans doute, il publiera dans le travail qu'il prépare sur Brétot.

(2) Tout le monde connaît la légende du breuvage empoisonné présenté à saint Jean par Aristodème. Voir à ce sujet la *Vie des Saints*, par Ribadeneira.

deux autels en bois, dont la décoration est du XVIIIe. siècle. L'un de ces autels est dédié à saint Nicolas. On lit à son sujet dans le 2e volume de la *Description de la Haute-Normandie*, par D. T. Duplessis, p. 476, qu'une chapelle sous le nom de St.-Nicolas, à la présentation du fief de la Houssaie, était fondée dans l'église paroissiale de Brétot, à l'autel de St.-Nicolas. Ses fondateurs étaient Geoffroi de la Houssaie, chanoine de l'église de Rouen, et Denys, Richard, Jean, Jacques et Guillaume, tous du nom de la Houssaye. L'archevêque de Rouen ratifia la fondation le 13 juin 1526.

Le second autel est sous l'invocation de saint Joseph. Sur le lambris qui l'avoisine sont sculptés les différents instruments de la passion du Sauveur, depuis la corde, la colonne, les fouets, etc., jusqu'à la main qui donna le soufflet, et jusqu'aux crachats jetés à la face de Notre Seigneur.

Près de cet autel est une petite porte communiquant avec l'intérieur tout roman de la tour du clocher. On y accédait autrefois par une porte ouvrant dans le chœur et qui a été bouchée.

Il n'y a point d'escalier dans la tour, on parvient à la cloche au moyen d'une échelle; voici l'inscription de cette cloche :

A la gloire de Dieu sous l'invocation de la S^{te}.-
Vierge l'an de J. C. 1812 j'ai été bénite et nommée Marie
Henriette Christiane par M. Anne Louis Christian
de Montmorency et dame Marie Henriette de
Bec-de-Lièvre-Cany son épouse M. J. B. L^t. Mignot
maire MM. Pierre L^s. P. Mignot Laurent Jⁿ. B^{te}.
Quemin P. Jacques Léger Godin trésoriers. En 1840
j'ai été refondue augmentée et bénite par M.
Aubé curé doyen de Montfort en présence de M.
Frédéric Casimir Homo d^t. la C^e. de Brétot et
nommée Marie Henriette Emmanuel par M.
Emmanuel de Cossé comte de Brissac et dame
Marie Henriette de Montmorency Tancarville

son épouse étant membres du conseil de fabrique
MM. F. Duval maire J. B. Mignot président
R. Morisse T^{rs}. Denis Tousé sécret^{re}. Laurent
Cécile Mignot J. B. Morisse marguilliers Je
Pésuis........et je pèse 1818.

On voit dans la nef un confessionnal du XVIIIe. siècle dont les sculptures sont assez remarquables.

Une Trinité en bois est placée contre la muraille nord, entre la chaire et l'autel de St.-Nicolas. On lui donne à Brétot le nom de St.-Sauveur.

Le chœur se termine à son extérieur par un chevet droit appuyé de deux contreforts à plusieurs saillies et qui supportent, à leur extrémité supérieure, une cymaise soutenue par des modillons représentant des figures grimaçantes. Au milieu de ce chevet, au-dessous de la cymaise et entre les deux contreforts, est une charmante fenêtre romane cintrée, à double archivolte dont l'une offre un zigzag, et l'autre des frettes crénelées. L'archivolte supérieure se continue en cymaise ornée de dents de scie de chaque côté, jusqu'aux contreforts. La fenêtre est accompagnée d'un gros zigzag remplaçant les colonnettes; il est surmonté de quelques moulures servant de chapiteau, et terminé de même à ses bases. Le vitrage de cette fenêtre est en verre blanc, monté en petit plomb; mais elle ne donne pas de jour dans le chœur, étant masquée à l'intérieur par le contre-retable du maître-autel.

Au-dessous de cette délicieuse fenêtre, et à gauche de l'observateur, est une tablette de marbre noir incrustée dans la muraille; on y voit un bel ostensoir surmonté d'une croix et portant à son centre le monogramme du saint nom de Jésus. En regard, au haut de la tablette, on lit:

LOUÉ SOIT LE TRÈS S^t.-SACREMENT DE L'AUTEL.

Devant le St.-Sacrement, un prêtre la tête inclinée, les

mains jointes, est agenouillé sur un prie-Dieu sculpté. L'inscription suivante se voit au-dessous de lui, à l'angle de la tablette :

CY GIST MESSIRE LOUIS ROBERT MIGNOT PBRE
TITULAIRE DE LA CHAPELLE DE S^t.-NICOLAS DE BRESTOT
DÉCÉDÉ LE 13 DE 9bre 1746. PRIEZ DIEU POUR LUI.

Cette épitaphe indique que les cendres de messire (1) Louis-Robert Mignot reposent au pied de cette muraille. D'autres membres de la famille de MM. Mignot sont aussi inhumés en ce lieu ; sur la tombe de l'un d'eux, est une longue et large pierre plate, assez ancienne, une grande croix latine est sculptée en relief à sa surface.

Il n'est pas d'usage à Brétot de suivre les rangs pour les sépultures; chaque famille a dans le cimetière sa portion de terrain, où elle fait inhumer les siens, et c'est une coutume aussi louable que touchante.

Le cimetière de Brétot renferme plusieurs tombes anciennes.

L'archivolte de la fenêtre septentrionale du chœur est garnie de dents de scie et se prolonge de droite et de gauche en cymaise. Au-dessous d'elle, mais vers la droite (celle de l'observateur), se trouve la baie bouchée d'une ancienne porte excessivement basse, dont l'arcade en talon, qui n'a ni tores, ni voussures, annonce l'époque du XVIe. siècle. Il est vraisemblable que c'était-là la porte patronale, c'est-à-dire celle par où entraient les présentateurs à la cure, et les seigneurs de la paroisse, qui seuls avaient droit à une place dans le chœur. Nous ferons observer que le peu d'élévation de cette porte semble indiquer que le sol de l'édifice a été exhaussé, et qu'il fallait autrefois descendre quelques marches pour entrer dans l'église.

(1) On donnait jadis aux ecclésiastiques le titre de *messire*.

Au-dessus de cette porte règne une large cymaise, sous laquelle est un gros modillon représentant un visage humain grimaçant et barbu.

La fenêtre sud du chœur ne diffère de celle du nord, que par les colonnettes qui l'accompagnent ; du reste, elle est aussi ogivale, garnie d'une archivolte à dents de scie, et paraît appartenir à la seconde moitié du XIIIe. siècle.

La tour, fort remarquable, est accolée au chœur et à la nef, au midi; sa forme est carrée; elle est soutenue par neuf contreforts et se compose de deux étages en pierre, s'élevant au-dessus d'un rez-de-chaussée construit en silex, dans la maçonnerie duquel existent des vestiges d'*opus spicatum*. On remarque dans un contrefort occupant le milieu de la façade sud de cette tour, une curieuse petite fenêtre cintrée sur l'archivolte de laquelle se voient des dents de scie et autres jolis dessins. Cette fenêtre, par sa position dans un contrefort, est un des détails les plus remarquables de l'église de Brétot.

Le premier étage de la tour offre, sur chacune de ses faces, cinq profondes arcatures cintrées, sans ornement. Chaque face du second étage présente deux fenêtres aussi cintrées, accompagnées de colonnettes romanes. Des bourrelets en pierre forment les angles de ces deux étages.

Une délicieuse porte du XIIe siècle, garnie de plusieurs rangs de zigzags, feuillages et dents de scie, séparés les uns des autres par de jolies moulures, donnait jadis accès dans la tour à son point de jonction avec la muraille méridionale du chœur ; mais un contrefort élevé au XIVe. ou au XVe. siècle, à ce même point de jonction, a masqué la moitié de cette charmante porte, qui s'est trouvée ainsi supprimée.

Entr'autres détails intéressants de la tour de Brétot, on doit signaler de singuliers caractères ou dessins tracés sur pierre, dans le mur oriental de cette tour, au-dessous de la corniche qui sépare le rez-de-chaussée du premier étage, puis quelques rangs de petites pierres, disposées en appareil réticulé de chaque côté du contrefort où existe la curieuse petite fenêtre que nous avons mentionnée ci-dessus.

Un très-beau cadran, placé contre le dernier contrefort du bas de la nef, au midi, mérite aussi d'être cité. Il porte les millésimes de 1697 et de 1760; M. l'abbé Blais l'a fait réparer et nettoyer vers 1852.

La sacristie, qui est accolée à la muraille nord du chœur, n'est pas non plus sans offrir quelque intérêt. Son plafond est une voûte cintrée, formée par des cerceaux et des palets peints. Sous sa petite frise, règne d'un côté une sculpture en bois, représentant un cep de vigne à feuilles et tiges détachées; de l'autre côté, en face de ce cep, on lit les passages que voici :

« Omnia honeste et secundum ordinem fiant. 1. Cor., 14. »

« Vt omnibus honorificetur Deus. 1. Petr., 4. »

Il y a dans la sacristie cinq statues en pierre : ce sont celles de sainte Catherine; de sainte Barbe (cette dernière reconnaissable à son costume oriental); de saint Roch (1); de sainte Anne, enseignant à lire à la Sainte Vierge, et d'un autre saint en costume monacal, aux pieds duquel est un enfant prosterné. Les deux premières statues nous ont paru pouvoir appartenir au XIVe. siècle, sinon à la fin du XIIIe.; on y reconnaît déjà un certain progrès dans la statuaire (2) à cause de l'expression, ou si l'on veut, du mouvement qui

---

(1) M. l'abbé Blais a cru que c'était un saint Rémi, mais M. l'abbé Carême pense que c'est au contraire un saint Roch.

(2) Surtout en comparant la sainte Barbe de Brétot à celle qui est dans l'église d'Illeville. Le costume de celle-ci est plus orné que celui de la première, mais ses traits, grossièrement formés et empreints de raideur et d'immobilité, indiquent une date plus reculée, ou un artiste dépourvu de goût, qui ne s'est attaché qu'au fini des vêtements.

commence à se faire remarquer dans leurs physionomies et leurs poses. Les trois dernières statues sont d'une époque postérieure aux deux autres.

Ces statues ont été déposées dans la sacristie, par M. Blais, qui a l'intention de les faire restaurer, pour les placer dans son église. On y distingue des traces de peinture rouge. Elles proviennent d'une ancienne chapelle du titre de St.-Sauveur, qui a existé dans le cimetière de Brétot. Cette chapelle était placée parallèlement à l'église paroissiale entre le nord et l'est. Sans être vaste, elle se composait d'un chœur et d'une nef, séparés par un mur droit, percé d'une baie que fermait une porte à deux venteaux. Elle fut fermée en 93, et les statues qui la décoraient, descendues de leurs piédestaux par l'ordre de trois commissaires venus à Brétot, furent enterrées dans le cimetière, pour être soustraites à de plus graves mutilations que celles qu'elles avaient déjà subies. Lorsque les églises furent rouvertes, la chapelle de St.-Sauveur, transformée en mairie, continua d'en servir, et ne fut démolie que du temps d'un curé de Brétot, nommé M. Broutin.

La chapelle de St.-Sauveur ne figure point dans le pouillé de 1738, ni dans D. Toussaint Duplessis. M. A. Le Prevot est le seul qui donne Saint-Sauveur pour patron à la paroisse de Brétot, dans son dictionnaire des anciens noms de lieu du département de l'Eure. Quant au Pouillé d'Eudes Rigaud, voici ce qu'il dit de Brétot :

« Brectot, Abbatissa de Pratellis patrona, valet 40 lib.
« paroch. 100. Hosbertus presb. presentatus à dña abbatissa
« receptus a D. M. (1). »

Comme on le voit, ce passage ne contredit en rien l'opi-

(1) Page 27 du Pouillé. — C'était une dame du nom de Mathilde, qui gouvernait l'abbaye des dames de Préaux, à l'époque où Eudes Rigaud poursuivait ses visites. Elle avait pris la crosse en 1224 ; sa mort arriva en 1255 ou 56 (V. la *Neustria pia*, p. 526).

nion de M. A. Le Prevost, qui donne aussi l'abbesse de Préaux pour collateur à la paroisse de Brétot. Aussi faut-il remonter à la charte de fondation de l'abbaye des dames de St.-Léger de Préaux, pour connaître le véritable vocable de l'église de Brétot. Or, voici ce que dit cette charte au sujet de cette église :

« Réginald le grammairien (1) a donné une terre située à
« Epaignes, dot de sa femme, et l'église de S^{te}.-Marie de
« Brétot pour ses filles. » (2).

D'après ce passage, il est donc positif que, dès le commencement du XIe. siècle, la Sainte-Vierge était la patronne reconnue de l'église de Brétot. (3). Or, cette église devait

---

(1) Ce titre nous rappelle qu'Esope fut exposé en vente, à Samos, entre un grammairien et un chantre.

(2) « Reginaldus grammaticus in Hispania terram, quam cum uxore sua accepit, et ecclesiam S. Mariæ Breitot, pro filiabus suis (*). »

Il fallait que Duplessis ne connût pas cette charte, puisqu'il a laissé en blanc le vocable de l'église de Brétot.

(3) Faudrait-il en conclure que la chapelle de St.-Sauveur n'existait pas encore ? Nous ne le déciderons pas. Seulement nous dirons que les premiers temples chrétiens furent d'abord dédiés à Dieu, à la Sainte-Trinité, au Saint-Sauveur du monde et à la Sainte-Vierge, puis on joignit à ces vocables ceux des apôtres et des premiers martyrs, etc. Beaucoup d'autels consacrés aux dieux du paganisme furent aussi transformés en oratoires chrétiens, ce qui fait que, l'imagination aidant, on pourrait penser que la chapelle de St.-Sauveur était, dans son origine, un temple païen, d'autant plus que la position élevée du cimetière de Brétot rappelle un peu les hauts lieux où les idolâtres sacrifiaient à leurs divinités.

Nous avons dit qu'il y avait dans l'église de Brétot une Trinité qu'on appelle St.-Sauveur ; elle provient de l'ancienne chapelle. Au reste, il sera question plus loin d'une autre chapelle où il y a aussi une Trinité du XVIe. siècle, que l'on nomme également St.-Sauveur. Mais nous ne saurions

---

(*) Qui avaient pris le voile dans l'abbaye de Préaux.

avoir déjà quelques années d'existence, pour qu'on pût la donner à l'abbaye de Préaux, abbaye dont il n'est pas inutile de dire un mot ici. Elle fut fondée par Onfroy de Vieilles, seigneur de la châtellenie de Pont-Audemer, et Aubérée, dame de La Haie, sa femme, en reconnaissance de la victoire remportée par Roger de Beaumont, leur fils, sur l'ambitieux Roger de Toesny, seigneur de Conches. La bataille où triompha Roger de Beaumont, comte de Montfort-sur-Risle, avait été livrée en 1036, entre Bourgtheroulde et Boessey-le-Châtel. Quatre ans après (en 1040, selon Gabriel Dumoulin), on vit s'élever, à Préaux, le monastère des religieuses de St.-Léger (1). Plusieurs seigneurs normands s'empressèrent de l'enrichir de leurs dons, qui tous sont mentionnés dans le *Neustria pia*, dont voici un passage relatif à Onfroy de Vieilles, touchant ce qu'il donnait de son bien dans Brétot. (Voir la charte d'Onfroy dans le *Neustria pia*, p. 521.)

nous empêcher de regretter que M. A. Le Prevost, qui n'a pas dû s'appuyer seulement sur la tradition répandue à Brétot, ni rien écrire de hasardé, n'ait pas publié le cartulaire de St.-Léger de Préaux, qu'il possède, dit-on, et où il a peut-être trouvé un renseignement sur la chapelle qui nous occupe. Cette publication eût été bien utile pour l'histoire de nos paroisses, et d'ailleurs, les cartulaires sont du nombre de ces trésors qu'il n'est pas permis de réserver pour soi seul.

(1) « On n'est pas d'accord, dit M. Canel, sur la date de la fondation de ce monastère, que les uns font remonter à 1034, et que les autres placent en 1053. » Mais il est clair que puisqu'il fut construit en action de grâces de la victoire de 1036, il n'avait pu être commencé auparavant. D'un autre côté, Onfroy ne dut pas attendre plus de trois ou quatre ans, pour donner cette marque de sa gratitude envers Dieu ; d'ailleurs, Aubérée, sa femme, qui vivait lors de la fondation de l'abbaye, était morte en 1045 ; ainsi, la date de 1040, indiquée par Dumoulin, est évidemment exacte, et celle de 1053 pourrait bien n'être que celle de la dédicace de l'église, et de là viendrait la divergence des opinions.

« Nous donnons (Auberée et Onfroy), à l'abbaye, etc....,
« nous donnons aussi tout ce que nous avons dans la villa
« vulgairement nommée Brétot. »

Il y a une observation à faire sur cette villa, ou plutôt ce village de Brétot, que Huet désigne, dit M. Canel, sous le nom de *Lutosa-Tofta*, c'est que toute son étendue n'appartenait pas à Onfroy-de-Vieilles ; le vicomte Hugues (c'était peut-être le représentant du seigneur de Montfort) en possédait une partie, ainsi qu'un serf nommé Hilbert, comme le prouve ce passage :

« Cette même église de St.-Léger possède une terre
« dans la villa que nous nommons vulgairement Breitot, par
« le don de Hugues, vicomte, laquelle terre est déterminée
« par des bornes posées, et la dîme de quatre hommes, et
« trente acres de terre provenant de Roger de Candos.
« Emma, l'abbesse, acheta aussi dans la même villa de Breitot
» soixante journaux de terre d'Hilbert fils d'Hédouin, au
« prix de dix livres, pour le rachat de son corps. » (V. le *Neustria pia*, p. 523.)

On trouve, page 525 de la *Neustria pia*, un Hugellus de Braietot, témoin pour l'abbesse Elisabeth ou Isabelle, dans une charte de Valeran, comte de Meulent et de Montfort, portant la concession de quinze livres annuelles de rente sur le tonlieu de Pont-Audemer, au monastère des dames de Préaux ; c'était vers la fin du XII°. siècle, l'abbesse Elisabeth, ayant pris le gouvernement de l'abbaye en 1179 (V. la *Neustria pia*, p. 526), l'année même du mariage de Valeran avec Marguerite de Fougères. Cet Hugellus ou Hugues de Breitot, devait être un vassal de l'abbaye. Néanmoins Brétot dépendait du domaine de Montfort-sur-Risle.

L'abbesse de Préaux, le curé de Brétot et le seigneur se partageaient les dîmes de la paroisse. Nous dirons bientôt quelle était la seigneurie de Brétot.

L'abbaye du Bec avait à Brétot quelques droits qui lui avaient été concédés par le roi Philippe-le-Bel, dans un échange fait en 1310, entre lui et les religieux du Bec. Voici ce qu'on trouve à ce sujet, dans la *Neustria pia*, page 487 :

« ..... Item, la basse justice de sept vingt hommes de-
« meurant ès paroisses de Wattetot, Comeville, Braietot,
« Esquaquelont, Ylleville, Appeville (1), Auton et de Au-
« touel, à cause de leurs tenemens, que eux tiennent, et
« le panage de leurs porcs que lesdits religieux auront et
« recevront quand il escherra en la forêt de Montfort, avec
« tout le droist, les eschéances, et le profit d'iceux hommes
« qui a basse justice pouet appartenir ce qui est prisié va-
« loir chacun en l'un par l'autre douze livres. »

La basse justice, possédée à Brétot par l'abbaye du Bec, ne portant que sur quelques individus, il est probable que d'autres personnages avaient aussi le droit de l'exercer. Pierre d'Annebaut, seigneur de Brétot, au XVe. siècle, et qui, très-vraisemblablement, était propriétaire de Brumare, devait être un de ces personnages (2). Brumare, fief noble et do-

---

(1) Les religieux du Bec avaient aussi la basse justice de la ferme de Rondemare, à Appeville : nous aurions dû le dire dans l'histoire de cette dernière commune ; au reste, M. Canel l'avait écrit dans son *Essai sur l'arrondissement de Pont-Audemer*, art. Ecaquelon.

(2) M. l'abbé Blais ne pense pas que Pierre d'Annebaut ait habité Brumare (nous ne disons pas le château actuel, mais celui qui l'a précédé). Sa demeure, nous a-t-il dit, devait être un ancien château, situé dans les bois du Marquisat*. Nous avons été aux renseignements à cet égard, et nous avons appris qu'il avait en effet existé jadis un ancien manoir, aujourd'hui détruit, et dont les terres, morcelées par la vente

* Triège de la forêt de Montfort, auquel on donna peut-être cette dénomination lors de l'échange entre Henri II et Madeleine d'Annebaut, ou à l'époque de l'érection, en 1649, de la baronnie d'Annebaut en marquisat, en faveur de Bernard Potier de Gesvres, s^r. de Blérancourt et d'Appeville.

maine considérable, composé de terres labourables, masures, hautes futaies, bois-taillis et prés, avait une sergenterie avant la Révolution, ce qui était une preuve de sa suprématie. Nous ne connaissons point l'origine du château de Brumare; on le trouve seulement au XVIe siècle, entre les mains des Sureau, famille ancienne (2), sur laquelle Du Souillet, Moréri, La Chesnaye des Boys etc., ont donné les renseignements suivants :

« En 1464 Jean Sureau, s^r. de Malaunay.

« Montre du 3 juillet 1486, la veuve de Laurent Sureau.

« Thomas Sureau, premier du nom, s^r. de Lisors, mort en
« 1514, agé de 70 ans.

qui en a été faite à la Révolution, bornent les bois du Marquisat. Nous avons vu un fragment de pavé, en terre cuite, qui en provenait; il était large de 9 c. carrés, épais de 22 millimètres, vernissé et semé de fleurs. Mais ce n'est point là pour nous une preuve que Pierre d'Annebaut, le seigneur de Brétot, n'ait point habité Brumare; il y a plus, ce vaste domaine nous parait devoir être le chef de la villa, dont parle la charte de fondation de l'abbaye de Préaux, et la position d'une de ses pièces de terre, qui s'étend dans la campagne des Villes (*), non loin du village de l'Eglise, nous semble indiquer qu'elle devait faire avec ce dernier une seule et même tenue, avant qu'Onfroy, Roger de Candos et le vicomte Hugues, en eussent détaché des portions, pour fonder l'abbaye de Préaux. Au reste, comme ce ne sont là que de simples conjectures, dénuées de preuves, nous ne nous y arrêterons pas davantage. Un mot seulement au sujet d'une mare qui a existé dans la campagne des Villes que nous venons de nommer. M. l'abbé de Caux, ancien vicaire de la chapelle de St.-Sauveur de Brétot, ayant voulu soutenir que cette mare était communale, fut dénoncé et guillotiné en 93, à Paris, où il s'était rendu malgré les conseils de ses amis qui avaient voulu le détourner d'y aller.

(2) Sureau portait d'argent au santoir engrêlé de gueules, chargé d'une croisette d'or, cantonnée de 4 têtes de Maure, liées d'argent.

(*) Triège de Brétot, situé entre Brumare et le village de l'Eglise.

« En 1523 Robert Sureau, s^r. de Farceaux et Lisors,
« mort en 1524.

« Jean Sureau, s^r. de Farceaux, Lisors, Brumare etc.,
« greffier en chef pour le civil, au Parlement de Rouen, en 1514.

« Thomas Sureau, deuxième du nom, son fils, reçu en
« survivance de son père, l'an 1536.

Nous ne savons pas au juste si Thomas Sureau a possédé Brumare, ni comment cette terre lui parvint. M. Blais prétend que, dès les premières années du XVIe. siècle, elle appartenait à une famille Le Neveu ; or, il est vrai qu'en 1502, il existait un Jean Le Neveu, qui était président au Parlement de Normandie (1). Il n'y aurait donc rien d'impossible à ce que ce magistrat eût marié sa fille à Thomas Sureau (2). D'un autre côté, ce ne fut peut-être ni par mariage, ni dès 1536, que Thomas Sureau eut Brumare, si jamais il l'a eu ; ce put aussi bien être par héritage de sa mère, Marguerite de la Vieille, sœur ou fille de Nicolas de la Vieille, s^r. d'Ecaquelon, du Bois-Hérout etc., personnage qui paraît avoir été fort riche, et grand acquéreur de seigneuries. Ce serait peut-être lui qui aurait épousé une fille de Jean Le Neveu, et qui en aurait eu Brumare, si ce dernier l'a jamais possédé.

Quoi qu'il en soit, Marguerite de la Vieille mourut en 1556. Ses trois enfants, Thomas, Catherine et Françoise, se partagèrent ses biens. Catherine épousa, en premières noces, François Namptier, baron ou marquis de Landelles, et en

---

(1) Il portait d'azur à 3 roses d'argent.

(2) Jean Le Neveu avait un fils (*) qui, en 1561, épousa Louise du Bosc Regnoult (canton de Bourgtheroude) ; c'était Michel Le Neveu, s^r. de Bonnemare. Or, Thomas Sureau était aussi s^r. de Bonnemare, car, dans le partage de sa succession, en 1575, ce fut François de Bec-de-Lièvre, deuxième fils de Françoise Sureau, qui eut la seigneurie de Bonnemare.

(*) Ou un petit-fils.

deuxième lieu, Hervé de Longaunay, auquel elle apporta les terres d'Ecaquelon, du Bois-Hérout et la seigneurie d'Illeville, que Nicolas de la Vieille avait achetée en 1544. Hervé fut tué en 1590, à la bataille d'Ivry, « les armes à la main, dit La Roque, pour le service du roi Henri-le-Grand ; il était âgé de quatre-vingts ans. D'Avila, qui rapporte sa mort, le fait âgé de soixante-douze ans. » Il avait eu de Catherine Sureau, une fille qui épousa Guillaume de Pierrepont, le 18 avril 1576. Quant à Françoise Sureau, elle fut mariée en 1548, à Charles de Bec-de-Lièvre, seigneur de Sazilly, Quevilly, etc. C'est elle qui a fait passer la terre de Brumare dans la maison de Bec-de-Lièvre. Elle donna à son mari trois enfants, Pierre, François et Charlotte. Pierre partagea, le 15 décembre 1575, avec Hervé de Longaunay, mari de sa tante Catherine, la succession de Thomas Sureau, son oncle maternel (1).

La famille de Bec-de-Lièvre était originaire de Bretagne ; elle s'est divisée en plusieurs branches, toutes sortant de Pierre de Bec-de-Lièvre, seigneur du Bouexic, vivant en 1351 (2). Charles, seigneur de Chavaignes, et père de

---

(1) On peut consulter Lachesnaye des Boys (*Dictionnaire de la noblesse*), pour les Sureau et les Bec-de-Lièvre, voir aussi les archives de l'archevêché de Rouen.

Un aveu de 1555, rendu pour des terres d'Illeville à Hervé de Longaunay, mari de Catherine Sureau, prouverait que le partage des terres d'Ecaquelon, du Bois-Hérout et de Brumare, aurait eu lieu entre Catherine et Françoise bien avant la mort de Thomas Sureau, leur frère.

(2) Aussi ne pouvons-nous comprendre pourquoi La Galissonnière dans ses *Recherches sur la noblesse* (bibliothèque de Rouen), fait venir Charles de Bec-de-Lièvre d'Angleterre. Il ajoute, et du Souillet le répète après lui, que son fils, Charles, écuyer seigneur de Sazilly et

l'époux de Françoise Sureau, avait suivi en France Anne de Bretagne, dont il était écuyer, lors du mariage de cette princesse avec Charles VIII.

Les Bec-de-Lièvre, devenus seigneurs de Brumare, ont conservé cette terre jusqu'à ce qu'elle soit passée dans la maison de Cossé-Brissac, par le mariage de Mme. Marie-Henriette de Montmorency-Tancarville, fille de M. Anne Louis de Montmorency et de Mme. Marie-Henriette de Bec-de-Lièvre-Cany, avec M. Emmanuel de Cossé, comte de Brissac. M. et Mme. de Brissac et leurs enfants habitent aujourd'hui Brumare, où ils ne cessent de donner l'exemple de la charité la plus soutenue envers les pauvres de la paroisse, auprès desquels ils remplacent la Providence.

L'écusson de Bec-de-Lièvre était de sable à deux croix tréflées au pied fiché d'argent, accompagnées d'une coquille oreillée de même en pointe : leur devise était : *hoc tegmine tutus* (1).

Les armes de la maison de Cossé-Brissac sont de sable à trois fasces danchées d'or en bas.

Montmorency-Luxembourg porte de Montmorency d'or à la croix de gueules, cantonnée de 16 alérions d'azur, et sur le

---

Quevilly (*), présenta requête en la Chambre des comptes de Rouen, tendant à obtenir que les lettres d'anoblissement de feu Guillaume de Bec-de-Lièvre, de Lohéac, à lui accordées à Nantes, le 12 juillet 1442, par le feu duc Jean de Bretagne, et vérifiées en la Chambre des comptes de Rennes, le 18 dudit mois, fussent registrées à Rouen, le 5 juin 1587, d'autant que la demeure dudit seigneur de Sazilly et de ses enfants est en ladite ville de Rouen.

(1) Le sens de cette devise est que l'on est en sûreté sous l'abri de la Croix.

(*) Le grand Quevilly, où les Bec-de-Lièvre avaient une terre érigée en marquisat, en 1654.

tout de Luxembourg qui est d'argent au lion de gueules, armé lampassé et couronné d'or.

Tancarville portait l'écu de gueules, chargé d'un écusson d'argent en abîme, à un orle de huit angemmes ou roses d'or.

On voit au château de Brumare les portraits de huit des membres de la famille de Bec-de-Lièvre; au bas de ces portraits sont les inscriptions suivantes, tracées en lettres capitales :

1er. Portrait :

CHARLES DE BEC DE LIÈVRE, CHer. SEIGNEUR DE SAZILLY, CHAVAIGNES, SAVOYE, LA BERGEROLLE, ÉLU A CHINON, ÉCUIER D'ANNE, DUCHESSE DE BRETAGNE, VINT EN FRANCE EN 1491 AVEC CETTE PRINCESSE LORSQU'ELLE ÉPOUSA CHARLES VIII, SERVIT SOUS LE RÈGNE DE CE PRINCE A LA DÉPENSE DE LA VILLE DE TOULOUSE CONTRE LES ANGLAIS EN 1492, A LA CONQUÊTE DU ROYAUME DE NAPLES, ET A LA BATAILLE DE FORNOUE, EN 1495, ÉPOUSA GILONNE DE BEAUNE SEMBLANCAY.

2e. Portrait :

CHARLES DE BEC DE LIÈVRE, CHer. SEIGNEUR DE SAZILLY, QUEVILLY, BRUMARE, ETC....... FUT EMPLOYÉ AUX AFFAIRES DE LA PROVINCE EN 1588 ET DÉPUTÉ POUR LA NOBLESSE DU BAILLIAGE DE ROUEN AUX ÉTATS TENUS A CAEN EN 1593, AGÉ DE 73 ANS, ÉPOUSA Fse. SUREAU ET GENEVIÈVE RUZÉ EN 1574.

3e. Portrait :

PIERRE DE BEC DE LIÈVRE, CHer. SEIGNEUR DE QUEVILLY, HOCQUEVILLE, BRUMARE, ET CHEVALIER DE L'ORDRE DU ROY, GENTILHOMME DE SA CHAMBRE, SERVIT DANS TOUTES LES GUERRES DE SON TEMS JUSQU'EN 1610 ET ÉPOUSA CATHERINE MARTEL.

4e. Portrait :

CHARLES DE BEC DE LIÈVRE, CHer. SEIGNEUR D'HOCQUEVILLE LE BOIS D'AUBIGNY, ETC., 1er. GENTILHOMME DE LA CHAMBRE, MESTRE DE CAMP EN 1620, CONSEILLER D'ETAT D'ÉPÉE EN 1619, ÉPOUSA, EN 1605, JEANNE MORANT, MORT EN 1629.

5ᵉ. Portrait :

PIERRE DE BEC DE LIÈVRE, Chᵉʳ. MARQUIS DE QUEVILLY ET D'HOCQUEVILLE, BARON DE CANY ET D'ARCHIGNY, CONSEILLER D'ETAT EN 1644, PREMIER PRÉSIDENT DE LA COUR DES AIDES DE NORMANDIE, FONDATEUR DES CARMES DÉCHAUSSÉS DE ROUEN EN 1660, ÉPOUSA MADELEINE DE MOY EN 1637.

6ᵉ. Portrait :

RENÉ DE BEC DE LIÈVRE, Chᵉʳ. MARQUIS DE Sᵗ.-GEORGES, ETC.,..... NÉ EN 1637, COLONEL DU RÉGIMENT DU ROY, INFANTERIE, BRIGADIER DE SES ARMES EN 1670, TUÉ A LA BATAILLE DE Sᵗ.-DENIS EN FLANDRE EN 1678.

7ᵉ. Portrait :

THOMAS CHARLES DE BEC DE LIÈVRE, Chᵉʳ. MARQUIS DE QUEVILLY, SORON, D'ARCHIGNY, PRÉSIDENT A MORTIER DU PARLEMENT DE NORMANDIE, ÉPOUSA MARIE ANNE PELLOT EN 1674.

8ᵉ. Portrait :

CLAUDE DE BEC DE LIÈVRE, Chᵉʳ. MARQUIS DE CANY, QUEVILLY, HOCQUEVILLE, ... PRÉSIDENT A MORTIER DU PARLEMENT DE NORMANDIE. . . . . EN 1703 ET MARIÉ A ANGÉLIQUE CHARLOTTE HENRIETTE DUMONCEL EN 1728.

Le château de Brumare a été nouvellement agrandi; mais quoique fraîchement décoré, ses propriétaires n'ont pas voulu sacrifier au luxe moderne en remplaçant les anciens meubles des Sureau et des Becs-de-Lièvre; aussi est-ce avec un profond intérêt que nous avons retrouvé dans les appartements de M. le comte de Brissac, à Brumare, ces riches fauteuils à dossier pointu, droit et sculpté, des XVᵉ. et XVIᵉ. siècles, ces vastes lits à colonne du temps de François Iᵉʳ., devenus si rares de nos jours, ainsi que les vieilles poteries du XVIIᵉ. siècle. La chambre d'honneur est particulièrement remarquable par une belle tenture des Gobelins, offrant trois tableaux dont nous n'avons malheureusement pas pu étudier les sujets, pressée que nous étions par le temps.

A deux pas du château, s'élève une petite chapelle, sur la porte de laquelle est gravé le millésime de 1522. Elle est éclairée par cinq petites fenêtres cintrées, y compris celle du chevet qui, un peu plus grande que les autres, est triple, et dont le compartiment du milieu est plus élevé que les deux latéraux. Une petite Trinité en pierre, du XVIe siècle, est placée contre le mur du fond, en face de l'autel; on lui donne le nom de St.-Sauveur.

Nous ne connaissons pas le vocable de cette chapelle, dont voici ce que dit D. Toussaint Duplessis, à propos des chapelles situées à Brétot :

« . . . . Une troisième dont on ne marque « point le nom, à la présentation du fief de Brumare. Je n'ai « rien trouvé ailleurs « que dans les pouillés » de celle-ci. »

Plus loin il dit en parlant de Brumare :

« Fief qui prétend droit de patronage (Voyez Brétot) (1). »

Le pouillé de 1738 contient ce qui suit à l'article :

« Chapelles du doyenné de Pont-Audemer :

« De Brétot, dépendante du fief de Brumare, le seigneur. »

Ainsi la chapelle de Brumare était la véritable chapelle de Brétot (2); le domaine de ce nom était donc la seigneurie, et cette seigneurie devait être le chef de l'ancienne *villa* de Brétot, mentionnée dans la charte d'Onfroy. Ceci posé, nous dirons, quant à l'ancien manoir dont nous avons parlé plus haut, que c'était probablement un de ces nombreux fiefs qui existaient dans Brétot, tels que Rinchoux, la Mogennerie, le Quesne, que quelques-uns appellent aujourd'hui le Quesnay, et qui a été possédé par les Duquesne, noble famille dont

---

(1) Il y avait aussi un fief de Brumare à Manneville-sur-Risle.

(2) La chapelle de la Madeleine, dépendant d'Eturquerais, est communément appelée la chapelle de Brétot quoiqu'elle ne soit pas sur cette paroisse. Nous en parlerons à l'article Eturquerais.

nous avons fait mention dans notre histoire du château de St.-Mard-sur-Risle. Les Duquesne ont habité Brétot, spécialement Pierre Duquesne, sieur du Quesne, dit la Galissonnière, Pierre Duquesne, sieur de Brumare (probablement de Manneville-sur-Risle), fut le 25 août 1644, parrain de Pierre Duquesne, fils du sieur de la Mogennerie (1), demeurant à Bourg-Achard; et le 27 septembre, Pierre de Bec-de-Lièvre, sieur d'Hocqueville, nomma avec Anne du Bosc, épouse de Jacques Duquesne, Pierre Duquesne, né à Brétot, le 13 du même mois. Nous ne savons si ce fut dans l'église de Brétot ou dans la chapelle de Brumare, que cet enfant fut baptisé (2).

On devrait peut-être admettre parmi les monuments historiques de Brétot, l'existence de sa confrérie de Charité, qui est une des plus anciennes du canton de Montfort, ayant été fondée en 1540, époque à laquelle elle semble avoir été antérieure, si l'on en juge par le passage que voici et qui est extrait de son réglement :

« Ensuiuent les statuts et ordonaces de *nouueau ordonnez*

---

(1) Il y avait à Bourg-Achard, comme à Brétot, un fief de la Mogennerie, que quelques-uns nomment la *Mageannerie*, et d'autres la *Magnannerie*.

(2) Jusqu'à présent nous n'avons pas eu connaissance d'autres fiefs à Brétot, que ceux qui viennent d'être cités. Nous ignorons également les noms de leurs propriétaires, sauf M. de Brissac.

En résumé, Brétot est une localité remarquable par son église et par le domaine de Brumare, dont les possesseurs ont été, de tout temps, les véritables seigneurs de la paroisse.

Avant la réunion de la Normandie à la couronne de France, Brétot, dépendant du comté de Montfort, devait hommage et service aux comtes de ce nom. Mais lorsque les d'Annebaut eurent été investis de la seigneurie d'Appeville, Brétot passa sous leur dépendance, et la haute-justice fut exercée par eux.

« *par les escheuin et frères de la Confrairie de la Très*
« *saincte Trinité, de la Glorieuse Vierge Marie et de*
« *monsieur S^t. Jehan Baptiste* (1), *anciennement fondée*
« *en l'esglise parrochiale de Brestot au doyenné du Pontau-*
« *demer, diocèse de Rouen, etc.* »

Peu de Charités sont aussi attachées à leurs institutions que celle de Brétot, qui se conforme religieusement à ses statuts, assistant chaque dimanche à la messe paroissiale, en corps et avec les ornements de rigueur. Elle est fière de son ancienneté et d'une bulle qu'elle tient du pape Urbain VIII. Cette bulle, qui accorde des indulgences plénières à ceux des membres de la Confrérie, qui rempliront pieusement certaines obligations, est en latin, écrite sur parchemin et datée de Rome, *sous l'anneau du Pescheur*, le 20 des ides de janvier 1634, la douzième année du pontificat d'Urbain VIII. Elle est scellée d'un sceau en plomb, portant d'un côté les figures de saint Pierre et de saint Paul, séparées par une croix latine, et de l'autre la légende : VRBANVS PAPA VIII.

Il est presqu'inutile de dire que la Charité de Brétot conserve cette bulle avec les plus grandes précautions, de même que ses statuts, qu'elle a soin de faire copier en double sur parchemin, dans la crainte que les minutes ne se trouvent gâtées ou égarées.

Le grand attachement que cette confrérie a de tout temps eu pour ses devoirs et l'espèce de gloire qu'elle tire de son ancienneté, ont été cause quelquefois de scènes tumultueuses

---

(1) Une statue de saint Jean-Baptiste se voit auprès du maître-autel de Brétot. Par une singulière exception, qui cependant n'est pas unique, il est imberbe et ses vêtements sont longs. Mais outre que la Charité avait pris saint Jean-Baptiste pour patron, il y a au presbytère, nous a dit M. Blais, un agneau en pierre, qui autrefois étant sous les pieds de cette statue, établissait son identité.

Saint Sébastien était aussi un des patrons de la Charité de Brétot.

entr'elle et les confréries des paroisses voisines. Ainsi, l'on voit, en 1687, cette Charité, dans une contestation avec celle d'Etreville en Roumois, maltraiter cette dernière, un jour de Toussaint, à Wattetot, et la Charité d'Etreville « rendre la pareille en coups de poing, de pied, de bâtons et de pierres, sans oublier les juremens et blasphêmes du saint nom de Dieu, desquels mauvais traitemens seraient survenues des blessures respectives, attestées par les chirurgiens pourquoi les frères de la Charité de Brétot auraient été, par une sentence du lieutenant criminel de Pont-Audemer, condamnés indivisément à payer 80 livres de provision aux maîtres et frères de la Charité d'Etreville, ce qui fit qu'un sieur Harel, huissier à Routot, saisit sur l'un des frères de la Charité de Brétot des porcs qu'il vendit », probablement pour en remettre le prix à la Charité d'Etreville, en compte des 80 livres qui lui avaient été adjugées. Mais en 1688, un arrêt de la Cour du Parlement de Rouen mit tout au néant et renvoya les deux Charités hors de Cour, condamnant néanmoins le sieur Harel à restituer le prix des porcs, lui enjoignant de ne procéder, à l'avenir, à aucune vente que huit jours après la saisie, et ordonnant que les 80 livres de provision fussent aussi restituées si elles avaient été versées. Par un autre arrêt de la même cour et de la même année, les deux Charités de Brétot et d'Etreville ayant été appointées à produire leurs preuves respectives d'ancienneté, il fut reconnu, après bien des procédures, que la Charité de Brétot était plus ancienne que celles

    d'Etreville (en Roumois),
    d'Eturquerais,
    d'Epreville (en Roumois),
    de Bourg-Achard,
    de Fourmetot,
    de Rougemontier.

et qu'en conséquence elle aurait la préséance sur les Charités voisines dans les inhumations et cérémonies où elle serait appelée ; mais après la Charité du lieu, « qui *préférera* » (1) sur toutes celles qui seraient présentes.

Il ne nous reste plus à parler actuellement que de deux choses relativement à Brétot : les voies et les antiquités gallo-romaines. Quant aux premières, on n'a pu nous fournir aucuns renseignements sur elles. A la vérité, il existe un vieux chemin tendant à Routot, qui vient d'Appeville en passant devant la ferme du Vieux Montfort et le château de Brumare, puis une sente, autrefois chemin carrossal, mais abandonné aujourd'hui, et qu'on appelait le Vau-d'Allé, ou Veudalet (cela voulait peut-être signifier le Val-d'Aller) ; il se dirigeait de l'église de Brétot sur Pont-Audemer par Corneville. Mais on ne saurait dire que ces chemins fussent gallo-romains, quoiqu'ils paraissent être les principaux et les plus anciens qui donnassent accès dans Brétot aux localités voisines.

Deux jolies hachettes en bronze ont été trouvées, à la ferme des Roussettes, par son propriétaire, M. Mignot, qui nous en a cédé une le plus gracieusement du monde.

Une sorte de petit réchaud à quatre pieds, en bronze aussi, puis la moitié d'une agrafe en cuivre, nous ont également été donnés par un habitant de Brétot, M. Pierre Grisel, charpentier, qui les a trouvés dans un petit enclos, près du lieu nommé *la Vallée à Jean Lemaître*.

Pour la flore de Brétot, nous prions nos lecteurs de se reporter comme pour celle d'Appeville, à l'article de Montfort-sur-Risle, où il est question de la forêt de ce nom.

---

(1) Pièces appartenant à la Charité de Brétot, qui nous les a communiquées. Le mot *préférence* était alors employé pour celui de *préséance*.

Caen, imp. de A. HARDEL.

www.ingramcontent.com/pod-product-compliance
Lightning Source LLC
Chambersburg PA
CBHW060605050426
42451CB00011B/2086